Manfred Mai

Tobi sagt, was Sache ist

Manfred Mai

Tobi sagt, was Sache ist

Mit Illustrationen von
Anja Mo Kast

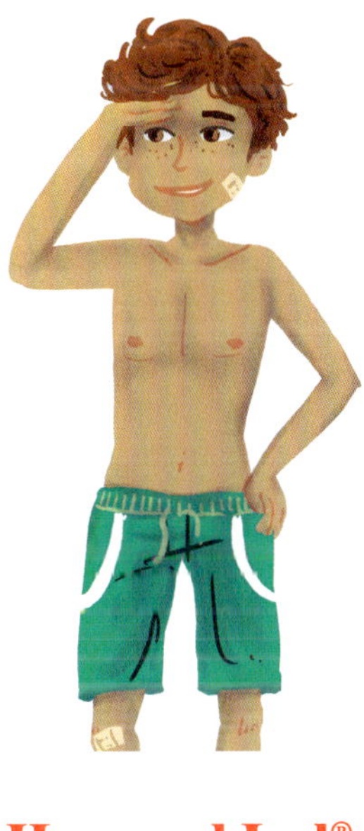

Hase und Igel®

Als Titel der Reihe LEVEL 1, 2, 3
liegt dieses Buch in drei Schwierigkeitsstufen vor.

Außerdem gibt es dazu für Lehrkräfte
ausführliches Begleitmaterial beim Hase und Igel Verlag.

Druckprodukt mit finanziellem Klimabeitrag
ClimatePartner.com/13493-2506-1028

MIX
Papier | Fördert gute Waldnutzung
FSC® C043106
FSC www.fsc.org

Dieses Buch erschien erstmals 2000 im Hase und Igel Verlag.
Es wurde für die vorliegende Ausgabe gekürzt und neu illustriert.

Lektorat: Patrik Eis
Satz: Appel Grafik München GmbH
Druck: Grafisches Centrum Cuno GmbH & Co. KG, Gewerbering West 27,
39240 Calbe (Saale), info@cunodruck.de

ISBN 978-3-86316-030-2
4. Auflage 2025

Manchmal geschehen Dinge auf der Welt, die man kaum glauben kann. Bestimmt werden einige kluge Leute behaupten, was Tobi passierte, sei unmöglich. Sollen sie reden.

Wie sagte schon William Shakespeare? „Von vielen Dingen im Himmel und auf Erden haben die klugen Leute keine Ahnung." So ist es!

1. Kapitel

Seit zwei Wochen regnete es fast ununterbrochen. Und das in den Sommerferien! Einmal stand das Wasser bei den Breuers sogar knöchelhoch im Keller.

„Kniehoch“, erzählte Tobi am nächsten Tag seinem Freund Philipp. „Wir konnten im Keller schwimmen wie im Hallenbad.“

Doch eines Morgens schien die Sonne wieder. Und wie! Ihre Strahlen fielen in Tobis Zimmer, krochen über die Bettdecke bis zu seinem Gesicht.

Eine Mücke ließ sich auf Tobis Oberlippe nieder und wollte sich sonnen. Da schlug er zu.

„Au!“, schrie er. „Was ist ... wer hat mich ... zum Teufel.“

Langsam begriff er, was passiert war, und blinzelte in die Sonne. „Juhu!“ Mit einem Satz sprang er aus dem Bett, lief die Treppe hinunter und in den Garten hinaus. Dort streckte er die Arme gen Himmel, kniff die Augen zu und sah in seinem zerbeulten Schlafanzug aus wie ein indischer Sonnenanbeter.

„He, Tobi! Ist das die neueste Mode?“, rief Anne vom Nachbarhaus herüber.

„Na klar“, antwortete Tobi, drehte ihr den Rücken zu und wackelte mit dem Hintern. „Ich übe für die größte Modenschau des Jahres.“

Anne kringelte sich. „Katharina, komm! Das musst du sehen!“, rief sie ins Zimmer.

Doch bevor auch noch Katharina über ihn lachen konnte, verschwand Tobi lieber. Bei Anne war es ihm egal. Aber Katharina sollte ihn nicht auslachen. Sonst würde er wieder dieses eigenartige Ziehen, Pochen und Kribbeln vom Bauch bis in die Brust spüren.

„Tobias!“ Die Mutter erschien kopfschüttelnd in der Haustür. „Was tust du denn da im Schlafanzug? Komm sofort rein!“

„Ich kann nicht.“ Irgendetwas schien Tobi festzuhalten. „Der Geist lässt mich nicht. Er hat mich verfolgt und aus dem Haus gejagt.“

„Pass auf, gleich verfolge ich dich!“

„Au ja!“ Tobi lief um seine Mutter herum.

„Tobias Wolfgang Breuer!“

Tobi blieb stehen. Wenn seine Mutter ihn so rief, dann war es besser, er hörte auf sie.

„Jetzt wirst du dich erst mal waschen.“ Die Mutter packte ihn am Arm und ging mit ihm ins Haus.

„Ich muss noch schnell in mein Zimmer und nachsehen, ob der Geist wirklich weg ist."

„Der ist weg, da bin ich ganz sicher", sagte die Mutter und zeigte in Richtung Bad.

Tobi gab auf. Die Mama kann einem mit diesem Waschfimmel selbst den schönsten Tag versauen, dachte er.

„Warte mal." Die Mutter hielt Tobi zurück und griff ihm in die Haare. „Denen schadet frisches Wasser auch nicht. Am besten stellst du dich gleich unter die Dusche."

„Ich hab gestern erst gebadet!“

„Das ist schon drei oder vier Tage her.“

„Aber ich ...“

„Schluss jetzt“, befahl die Mutter. „Oder soll ich dir die Haare waschen?“

Nur das nicht, dachte Tobi. Doch er sagte keinen Ton mehr und verschwand im Bad. Dort stellte er sich vor den Spiegel und streckte die Zunge raus. „Ganz schön blöd“, grummelte er.

„Hast du was gesagt?“, rief seine Mutter.

„Ja, zu dem Geist!“, antwortete Tobi. Und leise brummte er: „Dich sollte so ein Geist mal richtig erschrecken.“

Er zog die Schlafanzugjacke aus, ließ das Wasser in der Dusche laufen und wartete, bis es schön warm war. Dann beugte er sich nach vorne, damit seine Haare nass wurden. Nur nicht zu viel! Tobi überlegte gerade, ob er ein wenig Shampoo nehmen sollte, damit es wenigstens nach Haarewaschen roch, da kam die Mutter herein.

„Hab ich's mir doch gedacht“, sagte sie. „Eine Trockendusche möchte der wasserscheue Herr.“ Sie lachte. „Na, warte!“

Bevor Tobi richtig begriff, was geschah, stand er unter der Dusche. Er japste nach Luft wie ein Fisch an Land, aber dabei lief ihm Wasser in den Mund. Er hustete, als würde er ersticken. Doch umsonst. Seine Mutter klopfte ihm auf den Rücken. Dann kreisten ihre Finger wieder auf seinem Kopf.

„Wolltest mich wieder austricksen. Aber zum Glück kenne ich dich, du bist ja schließlich mein Sohn. Das darfst du nicht vergessen."

„Wie sollte ich?", murmelte Tobi. „Du reibst es mir ja mit aller Gewalt in den Kopf."

„Wer nicht hören will ..."

„Jaja. Trotzdem kannst du jetzt aufhören, sonst fallen mir noch die ganzen Haare aus. Dann hast du sie umsonst gewaschen."

Als die Mutter fertig war, sagte sie: „Waschen kannst du dich ja wohl selber. Und denk dran, ich kenne dich!"

Kaum war sie draußen, stieg Tobi aus der Dusche und griff nach dem Handtuch. Halt, sagte er sich plötzlich. Bestimmt schaut Mama gleich noch mal nach, ob ich mich wirklich wasche. Er stellte sich wieder in die Dusche und ließ das Wasser gegen die Wand spritzen.

Seine Mutter schaute tatsächlich kurz herein. Tobi schien gerade den Schaum abgeduscht zu haben. Sie nickte zufrieden.

Tobi grinste. Vielleicht wird der Tag doch noch gut, dachte er.

Vor dem Spiegel kämmte er sich einen Mittelscheitel wie die Schauspieler in uralten Filmen. Dann alle Haare glatt nach hinten wie Elvis Presley. Schließlich ließ er die Bürste kreuz und quer durch die Haare sausen – heraus kam eine Punkerfrisur. Die gefiel ihm.

„Müsste nur wilder sein“, meinte er.

Tobi nahm einen roten Lippenstift und fuhr mit ihm über den Kopf. Noch immer fad.

Aber wozu hatte seine Mutter die vielen Schminksachen? Bald war Tobi von einem Punker nicht mehr zu unterscheiden.

So ging er in die Küche.

Seine Mutter stieß einen schrillen Schrei aus. „Bist du denn verrückt geworden!“

„Ich wollte nur mal probieren, wie es aussieht, wenn ich als Punker zum Fasching gehe“, erklärte Tobi.

„Fasching?“, fragte die Mutter. „Jetzt ist aber Hochsommer, wenn ich mich nicht irre.“

„Man muss doch vorher üben ...“

„Ich kann dir sagen, was du üben musst: Haarewaschen. Du wäschst sie jetzt gleich noch mal.“

Nichts verstand die Mama, gar nichts!

2. Kapitel

Tobi saß nur noch mit dem halben Po auf der Bank und stopfte ein Honigbrot in den Mund.

„Du sollst das Brot nicht so hinunterschlingen“, mahnte die Mutter.

„I mu och ei u Pfip“, mampfte Tobi. „Er wart bimmt on auf mi.“

Die Mutter musste lächeln. „Mit einem halben Pfund im Mund erzählt man keine Geschichten. Dabei kommt nur Essen heraus.“

Tobi schluckte kräftig, dann wiederholte er: „Ich muss doch gleich zu Philipp. Der wartet bestimmt schon auf mich.“ Stehend schob er den Rest des Brotes in den Mund.

„Dass ihr mir nichts anstellt.“ Die Mutter sah Tobi ernst an. „Ich will keine Klagen hören.“

„Klar“, sagte er und lief los.

„Halt!“

„Was denn noch?“

Die Mutter zeigte auf die Tasse.

„Immer aufräumen“, meckerte er.

„Das sage ich auch jeden Tag ein paarmal. Mir macht es nämlich genauso wenig Spaß.“

Tobi stellte die Tasse in die Spülmaschine. Dann raste er hinaus, holte seinen Zweirad-Mustang aus der Garage und gab ihm die Sporen. „Hü!“, schrie Tobi und sauste in gestrecktem Galopp die Straße entlang.

Vor Philipps Haus ritt er noch eine Kurve, stemmte sich plötzlich mit aller Kraft in die Steigbügel und riss die Zügel so heftig zurück, dass er stürzte. Tobi stand schnell wieder auf und schaute sich um. Zum Glück war niemand in der Nähe.

„Bist du gestürzt, Bub?“, fragte da jemand hinter ihm.

Auch das noch, die Schniegel-Paula!

„Ich war im Garten und hab’s scheppern hören. Tut’s denn arg weh?“

Tobi schüttelte den Kopf. Die alte Meckerziege hat mir gerade noch gefehlt, dachte er.

„Ihr fahrt aber auch wie die Wilden. Hilde hat mir erzählt, einer von euch hätte sie auf dem Gehweg fast umgefahren. Da sollte man ...“

Tobi ließ die Schniegel-Paula reden. Er lehnte sein Rad bei Philipp gegen den Zaun, ging durch den Garten und klingelte.

Philipps Mutter schaute oben aus dem Fenster. „Ach, du bist es, Tobias. Du, Philipp schläft noch. Komm doch später wieder."

„Ist gut", sagte Tobi. Aber er dachte: Nichts ist gut! So ein blöder Tag. Dabei hab ich mich so gefreut, dass endlich die Sonne scheint. Und jetzt hagelt es überall. Er fuhr los.

Da hörte er einen Pfiff. Tobi drehte sich um.

Philipp stand am Fenster und fuchtelte mit den Armen. „Warte, ich komme gleich!"

„Beeil dich!", rief Tobi. Er fuhr vor Philipps Haus eine Runde nach der anderen.

Endlich kam Philipp angesaust.

„Wie kann man nur so lange im Bett liegen bei dem tollen Wetter", sagte Tobi gereizt.

„Woher soll ich denn wissen, was für ein Wetter ist, wenn ich penne?"

„Eben."

„Du spinnst wohl", gab Philipp zurück. „Ich beeil mich extra und du moserst mich an. Du kannst mich mal!" Wütend fuhr Philipp los.

Tobi radelte Philipp hinterher. Der trat noch kräftiger in die Pedale. Sie jagten durch die engen Straßen. Tobi strampelte sich fast die Lunge aus dem Leib, holte Philipp aber nicht ein. Das machte ihn so wild, dass er bei einer scharfen Kurve alles riskierte. Er bremste nicht ab und streifte beinahe einen Gartenzaun. – Da sah er das Auto auf sich zukommen! Reifen quietschten. Tobi riss den Lenker herum, kam an dem Auto gerade noch vorbei – und krachte mit voller Wucht gegen eine Mauer. In hohem Bogen flog er

durch die Luft und schlug in einem Blumenbeet auf. Sonne und Sterne leuchteten hell, Musik ertönte. Tobi fiel und fiel, bis er endlich

auf einem Bett weich landete. Wie in Zeitlupe. Es wurde stockdunkel.

Arnold Schempp, der Autofahrer, lief zu Tobi, kniete sich neben ihn und tätschelte ihm die Wange. „Komm, mach deine Augen auf. Heilig's Donnerwetter, dem wird doch nix passiert sein."

Philipp kam angelaufen und stand ein wenig ratlos dabei.

„Was fahrt ihr auch wie die Verrückten", schimpfte Arnold Schempp. „Euch sollte man den Hintern versohlen!"

„Ich kann doch nichts dafür ..."

„Jaja, immer sind die andern schuld." Er nahm Tobi vorsichtig hoch und trug ihn zu seinem Auto. „Komm, mach die Tür auf", sagte er zu Philipp. Dann legte er Tobi auf den Rücksitz. „Ich fahre ihn schnell zum Doktor."

3. Kapitel

Tobi schlug die Augen auf. Aus dem Nebel kam ein riesiger Mund auf ihn zu. Tobi wollte um Hilfe schreien, aber er konnte nicht und fiel zurück in den wohligen Traum.

Wie von fern hörte er seinen Namen. Wieder schlug er die Augen auf. Der Mund war jetzt nicht mehr so riesig. Tobi merkte, dass er zu Dr. Schmidt gehörte.

„Er kommt zu sich“, sagte der Mund.

„Tobias, was ist mit dir?“, fragte eine vertraute und besorgte Stimme.

Tobi drehte den Kopf ein wenig und sah seine Mutter. Er wollte aufstehen.

„Langsam, langsam.“ Dr. Schmidt drückte ihn zurück auf die Unterlage. „Du hast eine Gehirnerschütterung und musst ruhig liegen.“

Er gab Tobis Mutter ein Rezept und erklärte ihr noch dies und das. Schließlich nahm sie Tobi auf den Arm und trug ihn hinaus.

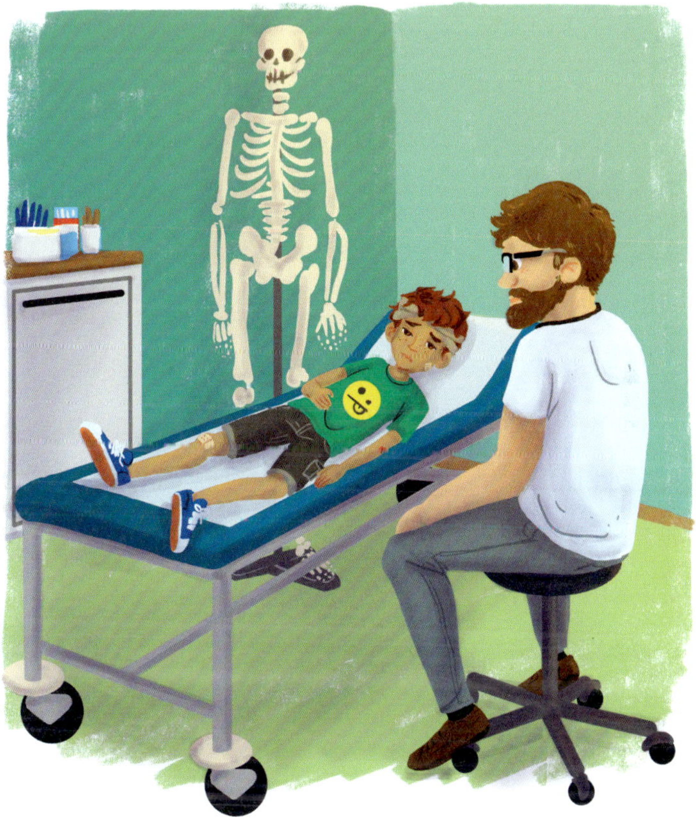

Draußen wartete Arnold Schempp. Er fuhr die beiden nach Hause. Dort legte die Mutter Tobi vorsichtig auf das Sofa im Wohnzimmer.

„Hast du einen Wunsch?“, fragte sie.

„Ich möchte Schokolade“, antwortete er.

Die Mutter holte eine Tafel und gab Tobi ein Stück. Den Rest legte sie auf den Tisch. „Ich muss schnell mit dem Arnold noch etwas besprechen. Bleib du schön liegen.“

Tobi nickte. Es dröhnte in seinem Kopf.

„Nicht wackeln!“, mahnte seine Mutter.

Langsam ließ das Dröhnen wieder nach. Tobi schob ein Stück Schokolade in den Mund. Und noch ein Stück. Und noch eins. Nur ein kleines Eckchen ließ er übrig.

„Na, dir scheint es ja schon wieder recht gut zu gehen“, sagte die Mutter, als sie hereinkam und den Rest Schokolade sah. „Nun erzähl mir mal, wie das alles passiert ist.“

„Was?“, fragte Tobi.

„Na, was wohl? Der Unfall natürlich.“

„Das will ich nicht erzählen.“

Die Mutter sah Tobi erstaunt an. „Aber ich will es wissen.“

„Also – ich Idiot bin hinter Philipp hergerast. Aber der war einfach schneller. Da hab ich alles riskiert und ...“ Als Tobi zu Ende erzählt hatte, fragte er sich verblüfft: Warum hab ich das jetzt alles gesagt?

„Dann stimmt es also, was der Arnold ...“ Die Mutter wurde von der Klingel unterbrochen.

Philipp kam vorbei, um zu erfahren, was mit Tobi los war.

„’ne Beule wie ein Ei hab ich“, sagte Tobi. „Aber das Schlimmste ist, dass ich bei dem tollen Wetter hier liegen muss.“

Philipp meinte verlegen: „Tut mir leid …“

„Du kannst ja nichts dafür. Das war alles meine Schuld.“ Wieder wunderte sich Tobi. Warum sage ich denn dauernd Dinge, die ich gar nicht sagen will?, fragte er sich.

„Jetzt braucht Tobias erst mal Ruhe“, sagte die Mutter und schob Philipp zur Tür. „Du kannst ihn ja morgen wieder besuchen.“

„Tschüss, bis morgen.“

„Tschüss!“

Als Philipp gegangen war, sah die Mutter Tobi eine Weile still an und schüttelte nachdenklich den Kopf. „Du bist so verändert, Tobias. Irgendetwas stimmt da nicht.“ Sie setzte sich zu ihm aufs Sofa. „Kannst du mir sagen, wie viel drei mal vier ist?“

„Es sind Ferien.“

„Sag mir’s, bitte.“

„Zwölf. Und jetzt lass mich in Ruhe!“

Die Mutter sagte nichts mehr und ging hinaus.

4. Kapitel

Ein paar Tage später durfte Tobi wieder aufstehen. Es war fast wie vor dem Unfall. Fast!

Dass etwas mit ihm nicht stimmte, hatte Tobi ja schon gemerkt. Doch ganz sicher war er erst, als Dr. Schmidt ihn fragte: „Womit kann man dir denn eine Freude machen?“

Tobi antwortete: „Wenn ich Ihnen eine Spritze in den Po drücken darf.“

Die Mutter war entsetzt. Auch Tobi erschrak über seine Worte.

Dr. Schmidt lächelte. „Ich kann diesen Wunsch zwar gut verstehen, aber nicht erfüllen.“

Seither wusste Tobi also, was anders geworden war: Er musste immer die Wahrheit sagen, ob er wollte oder nicht. Ausgerechnet er, der so gerne Flunkergeschichten erzählte.

„Was ist nur mit dir los?“, fragte die Mutter. „Seit dem Unfall bist du noch vorlauter und frecher als früher.“

„Ich bin nicht frech, ich sage nur die Wahrheit“, verteidigte sich Tobi. „Seit dem Unfall muss ich das immer.“

„Das ist doch gut“, meinte der Vater. „Ich bin dafür, dass man die Wahrheit sagt.“

„Du hast nichts verstanden“, murmelte Tobi. Er erklärte noch einmal genau, wie das bei ihm war. Zum Schluss sagte er: „Und jetzt muss ich immer sagen, was ich denke.“

Seine Eltern sahen sich fragend an.

„Nein, dass es so etwas gibt“, klagte die Mutter. „Und ausgerechnet bei unserem Tobias. Der Junge muss sofort ins Krankenhaus.“

„Langsam, langsam“, beruhigte sie der Vater. „So schlimm finde ich das Ganze nicht. Und vielleicht verschwindet es ja wieder von allein.“ Er klatschte in die Hände. „Wisst ihr was? Wir machen uns heute einen schönen Tag im Freibad.“

„Hurra!“, rief Tobi. Er raste in den Keller und holte zwei Flaschen Limonade.

„Langsam, Tobias!“, rief die Mutter.

Schon sauste er ins Wohnzimmer und kramte ein Spiel aus dem Schrank. Dann schnappte er sich seinen neuen Ball. Damit lief er in die Küche, schnaufend wie ein Walross.

„Dass du auch immer so übertreiben musst“, sagte die Mutter. „Du musst ruhiger werden, viel ruhiger.“

„Das ist doch langweilig!“

Der Vater lächelte. „Ich versteh ihn gut. Ich hatte als Junge auch Hummeln im Hintern und konnte nie still sitzen.“

„Jaja“, stöhnte die Mutter schmunzelnd. „Das merkt man bis heute.“

Der Vater nahm sie in die Arme und gab ihr einen Kuss. „Bist du etwa nicht zufrieden mit mir?“, fragte er grinsend.

Als Antwort gab die Mutter ihm einen Kuss auf die Nase.

Tobi drängelte sich zwischen seine Eltern. „Ich will auch schmusen!“, rief er.

Da hob der Vater ihn hoch und drückte ihm einen Kuss auf die linke Wange. Gleichzeitig bekam er von der Mutter einen auf die rechte.

„Bist du nun zufrieden?“

„Ja!“ Tobi strahlte über das ganze Gesicht. „So schön soll es immer sein.“

„Ich habe nichts dagegen“, sagte der Vater.

5. Kapitel

Im Freibad war viel Betrieb. Tobi und seine Eltern fanden gerade noch ein kleines Plätzchen auf der Wiese. Gleich neben ihnen lag ein junges Liebespaar. Auf der anderen Seite schnarchte ein ziemlich dicker Mann.

„Wir springen einfach ins Wasser", schlug der Vater vor und lief los wie eine Ente.

„Halt!", rief Tobi. „Wir müssen erst noch die Luftmatratze aufblasen."

Der Vater machte kehrt und watschelte zurück. „Wie der Herr befiehlt", sagte er ernst.

Die Mutter schüttelte den Kopf. „Was sollen denn die Leute denken?"

„Die Leute?" Der Vater hob eine Hand an die Stirn. „Wo sind hier Leute?"

So aufgedreht hatte Tobi seinen Vater schon lange nicht mehr erlebt. Er stellte sich neben ihn. „Ich sehe viele Leute, aber was die denken, ist mir schnurzegal."

„Recht so, mein Sohn“, lobte der Vater. „Aus dir wird noch mal was.“

Plötzlich mussten alle drei furchtbar lachen. Das Liebespaar hörte auf, sich zu küssen. Der dicke Mann öffnete die Augen und fragte: „Is’ was?“

„Nein, nein“, antwortete der Vater. „Wir sind nur eine lustige Familie, das ist alles.“

„Soso“, nuschelte der dicke Mann.

Als die Luftmatratze aufgeblasen war, gingen Tobi und sein Vater zum Wasser. Auf dem Weg entdeckte Tobi Katharina und Anne. Er versuchte, sich hinter seinem Vater zu verstecken. Vergeblich.

„He, Tobi!“, rief Anne. „Komm doch mal zu uns! Katharina freut sich bestimmt.“

Tobi sah noch, wie Katharina ihre Schwester in die Seite boxte. Dann sprang er ins Becken. Er blieb so lange unter Wasser, wie sein hämmerndes Herz es zuließ.

„Tobias!“, rief die Mutter. „Das ist …“

Mehr hörte Tobi nicht, er tauchte sofort weiter. Da kam sein Vater auf der Luftmatratze an. Tobi kippte blitzschnell die Matratze um. Der Vater prustete wie ein Er-

trinkender. Dann schnappte er sich Tobi, hob ihn hoch und warf ihn ins Wasser.

„Nicht so doll“, bat die Mutter.

„Mach doch mit, Mama!“

„Nein, nein, ihr seid mir einfach zu wild.“

Tobi und sein Vater tollten weiter im Wasser herum. Auf einmal entdeckten sie Philipp und zu dritt hatten sie noch mehr Spaß.

„Ich kann nicht mehr“, stöhnte der Vater nach einer Weile. Er legte sich auf sein Handtuch und spielte „toter Mann“.

Die beiden Jungen schlichen sich an. Dann kitzelten sie den Vater so heftig, dass er kreischend aufsprang.

„Er lebt noch!“, rief Philipp.

„Das habe ich auch weiter vor“, sagte der Vater. „Lasst mich also mal verschnaufen. Ein alter Mann ist schließlich keine Rakete.“

„Gut, dass du das endlich einsiehst“, stimmte seine Frau ihm zu.

„Papa ist spitze, nicht so lahm wie du.“

Tobi holte das Spiel aus der Tüte. Philipp und er wollten „Mensch ärgere dich nicht“ spielen. Die Mutter hatte keine Lust. Der Vater wollte sich noch ein wenig ausruhen.

„Immer ausruhen“, meckerte Tobi. „Das ist doch langweilig.“ Er drehte seinen Eltern den

Rücken zu. Ihm gegenüber saß der dicke Mann auf seinem Liegestuhl und mampfte Würstchen. Dazu trank er Bier. Tobi guckte ihm die ganze Zeit zu.

„Is' was?", fragte der dicke Mann.

„Ich warte, bis Sie platzen."

„Platzen?"

„Ja“, antwortete Tobi. „Wer so dick ist und dann noch so viel isst, muss doch irgendwann platzen.“

„Halt dein freches Maul, sonst setzt’s was!“, drohte der dicke Mann und erhob sich.

Vorsichtshalber suchte Tobi das Weite und beobachtete, wie sein Vater mit dem Mann redete. Plötzlich tippte sich der an die Stirn und marschierte mit seinem Stuhl davon.

Tobi lief zurück. „Der hat doch wirklich ausgesehen, als würde er bald platzen.“

„Aber so etwas sagt man nicht“, ermahnte ihn die Mutter.

„Wenigstens haben wir jetzt genügend Platz für unser Picknick“, sagte der Vater.

Philipp legte sein Badetuch auf die freie Stelle. Dann breiteten sie alles auf einem Tuch aus und ließen es sich schmecken.

6. Kapitel

Am nächsten Morgen schickte die Mutter Tobi zum Bäcker. Sein Rad war noch nicht repariert, das Rad seiner Mutter bekam er nicht. Also musste er zu Fuß gehen. Für einen Cowboy ist das fast eine Schande.

Schlecht gelaunt zockelte er los. Auf einmal sah er die Schniegel-Paula. Sie kehrte den Gehweg, obwohl er mehr als sauber war.

Bevor Tobi auf die andere Seite wechseln konnte, fing sie auch schon an: „Ja, bist du wieder gesund, Bub? Da hast du Glück gehabt. Mein Walter ist auch mal gestürzt und ...“

„Dein Geschwätz interessiert mich nicht“, unterbrach Tobi sie mürrisch und wollte an ihr vorbei.

„Wie ...?“ Die Schniegel-Paula traute ihren Ohren nicht. Sie stellte sich ihm in den Weg. „Du bist aber ein frecher Bengel. Sagt man so etwas zu einer alten Frau?“

„Ja, weil du eine alte Klatschbase bist.“ Er machte einen Bogen um sie herum.

„Du Lümmel, du!“, schimpfte die Schniegel-Paula und hob drohend ihren Besen.

Da streckte Tobi ihr die Zunge raus.

„Na, warte, das sag ich alles deiner Mutter!“, rief die Nachbarin.

Tobi hopste weiter.

In der Bäckerei stellte er sich an und wartete. Als Tobi an der Reihe war, drängte

sich ein Mann vor. „Geben Sie mir schnell ein Mischbrot.“

„Ich bin dran“, wehrte sich Tobi. „Sie glauben wohl, weil ich erst neun bin, können Sie mich einfach wegschubsen.“

„Hat man so etwas schon erlebt?“ Der Mann schaute die Verkäuferin an.

„Eigentlich hat er ja recht“, antwortete sie.

„Wie bitte?“

„Na ja, er war doch wirklich vor Ihnen da."

„Wenn das so ist, dann hole ich mein Brot woanders." Der Mann verließ den Laden.

„Ich find's toll, dass du dich gewehrt hast", sagte die Verkäuferin zu Tobi.

„Und ich find's toll, dass Sie mir geholfen haben." Tobi kaufte Brötchen und Brezeln.

Auf dem Rückweg kam ihm ein hervorragender Gedanke. Er lief schnell zu Philipp und erzählte ihm davon. Der war begeistert. Sie schlichen zum Haus der Schniegel-Paula. Dort schmierten sie Senf und Ketchup auf die Türklinke. Dann klingelten sie und versteckten sich leise hinter einem Busch.

Die Schniegel-Paula kam heraus. „Ist da wer?" Sie wollte die Tür ein wenig hinter sich zuziehen. Dabei griff sie in Senf und Ketchup. „Igittigittigitt!", schrie sie. „Das war doch dieser Lümmel. Wenn ich dich erwische!"

Tobi und Philipp konnten sich das Lachen kaum verkneifen.

Die Schniegel-Paula kam genau auf den Busch zu! „Wo hast du dich versteckt?“

Tobi und Philipp verging das Lachen. Sie schlichen auf Zehenspitzen um den Busch herum, um nicht entdeckt zu werden.

„Einmal erwische ich dich doch!“, rief Paula, bevor sie wieder ins Haus ging.

Tobi und Philipp schlichen aus dem Garten.

„Das war knapp“, sagte Philipp.

„Verdammt knapp“, stimmte Tobi ihm zu.

„Die hätte uns mit ihrer verschmierten Hand bestimmt ein paar Ohrfeigen gegeben ...“

Tobi nickte. „Dann würden wir jetzt aussehen wie zwei Indianer mit Kriegsbemalung.“

„Und einen Kriegstanz aufführen“, spann Philipp den Gedanken weiter.

Tobi guckte Philipp kurz an. Dann sprang er um ihn herum wie Rumpelstilzchen. Dazu stieß er wilde Laute aus. Philipp machte sofort mit. Ein paar Erwachsene schüttelten die Köpfe und riefen ihnen etwas zu. Doch die beiden hüpften weiter. Bis Tobi Katharina und Anne an ihrem Gartenzaun sah. Sofort blieb er stehen und hörte auf zu heulen.

Anne tippte sich an die Stirn. „Die zwei sind nicht ganz dicht. Ich hab's ja immer ge-

sagt." Sie grinste erst Tobi, dann Katharina an. „Und so einer ist dein Liebster", sagte sie.

Katharina drehte sich um und lief ins Haus.

Tobi ging auf Anne zu. Obwohl sie größer war, hatte er keine Angst vor ihr. Er schrie ihr ins Gesicht: „Du bist die gemeinste Petze im ganzen Dorf!" Da flüchtete Anne.

„Der hast du es aber gegeben“, sagte Philipp bewundernd.

Sie brachten Tobis Mutter die Brötchen. Dann spielten sie ziemlich lustlos Fußball.

Plötzlich rief Philipp: „Die alte Schniegel kommt!“

„Spiel weiter“, flüsterte Tobi, „und nichts anmerken lassen.“

„Du warst also auch dabei!“, rief Paula von Weitem und zeigte auf Philipp.

Der reagierte überhaupt nicht und dribbelte mit dem Ball um Tobi herum wie Lionel Messi.

„Wartet nur, ihr zwei!“, drohte die Schniegel-Paula und klingelte an der Haustür Sturm.

Tobis Mutter kam herausgestürzt. „Was ist denn los? Ist was passiert?“

„Und ob etwas passiert ist“, schnaubte die Schniegel-Paula. „Die beiden Bengel haben meine Türklinke mit Senf und Ketchup vollgeschmiert ...“ Sie streckte Tobis Mutter etwas entgegen. „Meine beste Schürze ist verdreckt. Die müsst ihr reinigen lassen.“

„Moment“, sagte die Mutter. „Hast du gesehen, dass es Tobias und Philipp waren?“

„Das weiß ich auch so und ...“

„Du hast es also nicht gesehen“, unterbrach die Mutter sie. „Wie kommst du dann auf die beiden?“

„Weil ... die machen lauter solche Sachen. Und deiner war schon vorher so frech zu mir. Alte Klatschbase hat er zu mir gesagt!“

„Das hat er nicht ...“ Die Mutter brach ihren Satz ab. „Das haben wir gleich“, meinte sie. „Wir fragen die zwei einfach.“

„Die brauchst du nicht zu fragen“, sagte die Schniegel-Paula. „Die leugnen doch alles.“

Die Mutter wandte sich an Tobi und Philipp. „Stimmt das, was Paula sagt?“

„Nein“, antwortete Philipp sofort. „Tobias hat mich abgeholt, dann sind wir gleich hierhergekommen.“

„Das ist nicht wahr“, widersprach ihm Tobi. „Wir haben bei dir Senf und Ketchup mitgenommen und es auf ihre Türklinke geschmiert. Aber es war ganz allein meine Idee.“

Philipp und die Schniegel-Paula starrten Tobi wie ein Weltwunder an.

„Dann entschuldigt ihr euch jetzt sofort“, sagte die Mutter.

„’tschuldigung“, murmelten die beiden.

Die Schniegel-Paula konnte es noch immer nicht fassen. Langsam schlurfte sie davon.

„Deine Schürze wasche ich.“ Die Mutter ging ins Haus. Sie murmelte noch: „Mit der Klatschbase hatte Tobias völlig recht.“

7. Kapitel

Tobi warf den Ball gegen die Garage, klatschte und fing ihn wieder auf. Dann drehte er sich einmal um sich selbst und schaffte auch das. Darüber freute er sich so, dass er ihn hoch in die Luft warf. Zu hoch! Der Ball flog über die Hecke in den Nachbargarten.

„Mist“, murmelte Tobi.

Er überlegte noch, was er jetzt tun sollte, da kam der Ball zurückgeflogen. Tobi guckte ihm ungläubig hinterher. Er nahm den Ball und warf ihn noch einmal über die Hecke. Wieder kam er zurück. Tobi ging ganz nah an die Hecke heran. Er lauschte angestrengt, doch auf der anderen Seite war alles still.

„Katharina?“, fragte er leise.

„Ja.“

Tobis Herz klopfte stärker. „Warum hast du den Ball zurückgeworfen?“

„Einfach so.“

„Du bist nett.“

Katharina sagte nichts.

Plötzlich rannte Tobi weg. Er wusste, dass er sonst alles sagen musste, was er dachte. Er lief in sein Zimmer. Dort ließ er sich rückwärts aufs Bett fallen. Über ihm schwebten die Mobile-Fische. Ich möchte ein Fisch sein, schoss es ihm durch den Kopf. Die haben es gut. Die machen den ganzen Tag nur blubbblubb und müssen nie reden.

Tobi stand auf und setzte sich zu seiner Autorennbahn. Er drückte die Geschwindigkeitsregler ganz nach unten. Schon flog ein Wagen aus der Kurve. Tobi hatte keine Lust mehr. Er hatte zu nichts Lust. Dauernd musste er an Katharina denken.

Er ließ alles liegen und lief die Treppe hinunter. Langsam ging er zum Nachbargarten. Katharina spielte im Sandkasten. Tobi blieb stehen und schaute ihr zu. Einmal guckte sie kurz zu ihm hoch. Tobi setzte sich neben sie. Da streckte ihm Katharina ein Förmchen entgegen. Er nahm es, füllte Sand hinein und stülpte es auf das Sitzbrett. Als er das Förmchen hob, zerrieselte der Stern.

„Du musst von dem feuchten Sand nehmen", sagte Katharina.

Tobi nickte und füllte das Förmchen mit feuchtem Sand. Dann stülpte er das Förm-

chen wieder zwischen Katharina und sich. Behutsam hob er es hoch – und hervor kam ein ganzer Stern.

„Schön."

„Der ist für dich." Mehr brachte Tobi nicht heraus. Sein Hals war wie zugeschnürt.

Sie spielten noch eine Weile.

Plötzlich sagte Tobi: „Dich mag ich am meisten von allen Mädchen."

Katharina tat, als hätte sie es nicht gehört. „Komm, wir bauen eine Burg!"

Sie türmten Sand auf. Dann gruben sie einen Tunnel. Katharina von der einen Seite,

Tobi von der anderen. Zweimal stürzte er ein. Doch irgendwann berührten sich ihre Finger in der Mitte des Tunnels.

Sie holten Wasser und gossen es in den Sandkasten. Um die Burg bildete sich ein See. Das Wasser floss in den Tunnel. Dann schauten Tobi und Katharina zu, wie der

Tunnel ausgehöhlt wurde und einstürzte. Und mit ihm die Burg.

Tobi kniete sich hin. Er nahm eine Handvoll Sandbrei und machte eine Faust. Die Pampe quoll zwischen seinen Fingern durch. „Das musst du auch ausprobieren“, sagte er.

Katharina versuchte es.

„Pass auf“, sagte sie plötzlich, zog ihre Sandalen aus und stellte sich barfuß in den Sandkasten.

Tobi machte es ihr sofort nach. Die beiden trampelten und hüpften in der Matschpampe herum. Bald sahen sie aus wie zwei Schweine auf zwei Beinen.

8. Kapitel

Die Ferien waren zu Ende, die Schule hatte wieder begonnen. Die Klasse 4a hatte einen neuen Lehrer bekommen. Und was für einen!

„Oh nein, ausgerechnet diesen Quak-Quak“, stöhnten die Schüler.

Er hieß in Wirklichkeit Frosch. Die Schüler nannten ihn Quak-Quak, weil er so viel und so schnell redete. Wenn sie mit ihm sprachen, sagten sie natürlich Herr Frosch zu ihm.

Gleich am ersten Schultag hielt Herr Frosch einen langen Vortrag über seinen Unterricht. Die Kinder langweilten sich furchtbar.

Philipp saß neben Tobi und blätterte unter dem Tisch in einem Comic. „Der Quak-Quak schnattert wie Donald Duck“, flüsterte er.

Tobi lachte.

Herr Frosch runzelte die Stirn.

Tobi versuchte, nicht mehr in Philipps Mickymaus-Heft zu schielen, sondern zuzuhören. Doch er verstand kaum etwas. Irgendwann wurde es ihm zu dumm. Er meldete sich, schnipste laut und rief: „Herr Quak-Quak!“

„Wie bitte?“

In der Klasse wurde es still. Alle sahen abwechselnd zu Tobi und zu Herrn Frosch.

„Wir schlafen ein, wenn Sie nicht aufhören so komisches Zeug zu erzählen“, sagte Tobi.

Herr Frosch schnappte nach Luft. „Wie ... was ... was fällt dir ein!“, schnaubte er.

„Ich sage nur die Wahrheit.“

„Die Wahrheit!“, rief Herr Frosch mit hochrotem Kopf. „Du ... du bekommst dafür eine saftige Strafarbeit!“

„Warum soll ich eine Strafarbeit schreiben, wenn ich nur die Wahrheit sage?“, wollte Tobi wissen.

„So etwas ist mir noch nie passiert“, murmelte Herr Frosch völlig verstört und verließ das Klassenzimmer.

Kaum war er draußen, stürmten viele auf Tobi zu. „Du warst spitze!“, rief jemand.

„Der Quak-Quak hat wie ein Frosch geguckt“, brüllte ein anderer.

Tobi genoss es, so bewundert zu werden.

„Seit wann bist du denn so mutig?“, wollte ein Mädchen wissen.

„Ich bin nicht mutiger als bisher, ich muss nur immer die Wahrheit sagen“, gab Tobi zu.

Dabei hätte er lieber etwas anderes geantwortet.

„Das verstehe ich nicht."

Tobi wollte seinen Mitschülern gerade erklären, was mit ihm los war, da öffnete sich die Tür. Herr Frosch kam mit dem Rektor zurück. Die Schüler setzten sich schnell an ihre Plätze. Herr Frosch und der Rektor stellten sich vor die Tafel.

„Ich muss euch etwas sagen, Kinder", begann der Rektor. Er wirkte ein wenig nervös. „Tobias' Mutter war gestern bei mir und hat mir erzählt, dass er in den Ferien einen Unfall hatte. Vielleicht habt ihr davon gehört."

Einige Schüler nickten.

„Tobias hatte eine Gehirnerschütterung und ... Ja, wie soll ich euch das erklären? Seit dem Unfall stimmt etwas nicht mehr in seinem Kopf. Tobias sagt oft Dinge, die er gar nicht sagen will. Aber er kann nichts dafür. Deswegen müssen wir ganz viel Geduld mit ihm haben. Wie mit einem Kranken ..."

„Ich bin nicht krank", fiel ihm Tobi ins Wort. „Und verrückt auch nicht. Ich sage die Wahrheit und das ist doch nichts Schlimmes, oder?"

„Ja ... nein", stotterte der Rektor. „Aber ..." Er zog die Schultern hoch und sah Herrn Frosch fragend an. „Ich weiß auch nicht", murmelte er und verließ den Raum.

Herr Frosch räusperte sich. „Ja, dann wollen wir mal weitermachen."

Er bemühte sich jetzt, langsam und verständlich zu reden. Zwischendurch schielte er immer wieder zu Tobi.

Aber der hörte ihm gar nicht mehr zu. Er las unter der Bank im Mickymaus-Heft, das ihm Philipp ausgeliehen hatte.

Tobi hat natürlich noch mehr erlebt und noch vielen Leuten die Wahrheit sagen müssen. Manche haben ihm das sehr übel genommen oder einfach behauptet: „Der spinnt!“

Wer weiß, wie das alles noch geendet hätte, wenn … ja, wenn nicht eines Tages Folgendes passiert wäre:

Tobi suchte seine einzige Euromünze aus Finnland. Schon den Tränen nahe, krabbelte er unter den Küchentisch. Da entdeckte er sie und sprang vor Freude hoch. Dabei knallte er mit dem Hinterkopf gegen die Tischplatte. Er schimpfte und trat mit dem Fuß gegen den Tisch. Seine Mutter kam herein und fragte, was passiert sei. Da erzählte Tobi ihr alles – und noch viel mehr!

Und während er redete, merkte Tobi plötzlich, dass er wieder flunkern konnte. Aber er sagte es keinem Menschen …